Guest Book

Name & Address

Notes

Name & Address

Notes

Name & Address

Notes

Name & Address

Notes

Name & Address

Notes

Name & Address

Notes

Name & Address

Notes

Name & Address

Notes

Name & Address

Notes

Name & Address

Notes

Name & Address

Notes

Name & Address

Notes

Name & Address

Notes

Name & Address

Notes

Name & Address

Notes

Name & Address

Notes

Name & Address

Notes

Name & Address

Notes

Name & Address

Notes

Name & Address

Notes

Name & Address

Notes

Name & Address

Notes

Name & Address

Notes

Name & Address

Notes

Name & Address

Notes

Name & Address

Notes

Name & Address

Notes

Name & Address

Notes

Name & Address

Notes

Name & Address

Notes

Name & Address

Notes

Name & Address

Notes

Name & Address

Notes

Name & Address

Notes

Name & Address

Notes

Name & Address

Notes

Name & Address

Notes

Name & Address

Notes

Name & Address

Notes

Name & Address

Notes

Name & Address

Notes

Name & Address

Notes

Name & Address

Notes

Name & Address

Notes

Name & Address

Notes

Name & Address

Notes

Name & Address

Notes

Name & Address

Notes

Name & Address

Notes

Name & Address

Notes

Name & Address

Notes

Name & Address

Notes

Name & Address

Notes

Name & Address

Notes

Name & Address

Notes

Name & Address

Notes

Name & Address

Notes

Name & Address

Notes

Name & Address

Notes

Name & Address

Notes

Name & Address

Notes

Name & Address

Notes

Name & Address

Notes

Name & Address

Notes

Name & Address

Notes

Name & Address

Notes

Name & Address

Notes

Name & Address

Notes

Name & Address

Notes

Name & Address

Notes

Name & Address

Notes

Name & Address

Notes

Name & Address

Notes

Name & Address

Notes

Name & Address

Notes

Name & Address

Notes

Name & Address

Notes

Name & Address

Notes

Name & Address

Notes

Name & Address

Notes

Name & Address

Notes

Name & Address

Notes

Name & Address

Notes

Name & Address

Notes

Name & Address

Notes

Name & Address

Notes

Name & Address

Notes

Name & Address

Notes

Name & Address

Notes

Name & Address

Notes

Name & Address

Notes

Name & Address

Notes

Name & Address

Notes

Name & Address

Notes

Name & Address

Notes

Name & Address

Notes

Name & Address

Notes

Name & Address

Notes

Name & Address

Notes

Name & Address

Notes

Name & Address

Notes

Name & Address

Notes

Name & Address

Notes

Name & Address

Notes

Name & Address

Notes

Name & Address

Notes

Name & Address

Notes

Name & Address

Notes

Made in United States
Troutdale, OR
04/20/2024

19310732R00064